AF192176

Rakkaus on voittamaton

Rakkaus on voittamaton

Runoja

Paavo Räisänen

Olen julkaissut aiemmin BoD:in kustantamana useita kirjoja.
Kirjailija sivuni: www.kirja-lakka.com

Kustantaja: BoD · Books on Demand GmbH, Helsinki, Suomi
Kirjapaino: Libri Plureos GmbH, Hampuri, Saksa
ISBN: 978-952-80-8415-0

1

Oli kevät

oli aika rakkauden

tunteet herkät

versoivat nuorissa

puro solisi

heleästi soi kevätlinnun laulu

heinäsirkka aloitti konserttiaan

Loukoissa lymysi käärme

vihasi rakkautta

tunteet herkät

hänen pahin kohteensa

toi opin seksuaalisuudesta

tahtoi opettaa

kaiken rakkauden olevan

eroottista

Tuli käärmeen tappaja

kiipesi ristille

pakeni käärme sihisten

loukkoihinsa

valta oli pois otettu

valtikka vaihtunut

7

Oli rakkaus niin kaunista

nuoripari istui

puiston penkillä

tuli homo

sanoi haluavansa miehen

sanoi morsian:

en anna

sanoi homo:

laaditaan sitten tarvittava laki

sai lain

sai miehen

itkemään jäi morsian

Kaunis neito odotti sulhasta

puistossa vehreässä

paikalle osui lesbo:

"Hei eks sä tiedä,

tuo on vanhanaikaista.

Lähde mukaani."

Lipevä oli kieli lesbon

kuinka kävi neidon

itkemään jäi

vanhanaikaista rakkauttaan

Katsoi pieni poika

kännykällään pornofilmiä

kuinka ihania olivat neidot

mutta tuollaistako on rakkaus

hän ihmetteli

Isä kertoi toisin

että rakkaus on toisesta välittämistä

tunteita aitoja

jaloja

Kumpi lie oikeassa

poika mietti

Käärme istui viinipöydässä

hän oli juuri nähnyt rakastuneen parin

"Tuo on lopetettava,

ei kuulu tähän aikaan.

Säädän lain,

tuo on lopetettava."

Hän mietti

väänsi numeron kansanedustajan

ehdotus oli jo valmiina

kohta se on lehdessä

Oli huorintehnyt neito

yksin asunnossa

ei tukea löytynyt mistään

yksin, yksin

tuli noutaja

Kysymys kuului vain

sutenöörin:

"ilotytöksi vai pornotähdeksi,

meillä töitä piisaa"

Hän haki ensimmäiseen tanssiinsa

kuten oli niin kauniisti opetettu

neito painui syliin

tunsi poika himon polttavan

suudelma painui huulille

ei jäänyt viimeiseksi

Hän muisteli

kolme vuotta myöhemmin

katuojassa

2

Istui kirottu viinipöydässä
muisteli lapsuuttaan
oli joskus ollut rakastava koti
tuli käärme
sai vietit heräämään
onneton oli taru
loppu kadotuksessa uhkasi
vieläköhän Isän koti
takaisin ottaisi

Muistui mieleen sovituksen Sana
lapsena kuultu
Jeesus armahti kirotunkin
synnin teille joutuneen
jos vielä nousisin
astelisin ääreen
armoalttarin

Kadotettu huusi lavalla

söi sähköt kitaran

basso jytki

yleisö huusi hurmoksessa

"Vapahtajamme, Vapahtajamme,

pelasta ansasta Jeesuksen"

suuri oli herra kadotetun

asui loukoissa pimeissä

ansasta Jeesuksen

hän omansa pelastaa

Huorintehnyt
huoruudessa syntynyt
on Jeesus kadotetun
ei kestä hän neitsettä
ei miestä Kristuksen
Hän luulee naisen tekevän miehen
ei tunne profeettoja
millainen on Jumalan tekemä mies
synnittömästi miehen saanut
joka huutaa korvessa
"Kerran on tuleva,
käärmeen rikkipolkija"

Vihasi käärme miestä

yhtä paljon naista

Hän oli ne

huoruudessa menettänyt

huorintehnyt tyttö hän oli

hänen miehensä

huorintehnyt poika

Päätti vedota lakiin

kasvattaa pojista tyttöjä

tytöistä poikia

niin hän saisi lisää saalista

kadotuksen majoilleen

Lohikäärme makasi vuoteellaan

hän oli juuri häätänyt pois

kymmenen morsiantaan

Hän oli katkera

apostoli Johannekselle

saatana oli jo pitkään

yrittänyt tehdä

hänestä Ilmestyskirjan pedon

ei onnistunut

ei

Sillä Jumala ei antanut

saatanan onnistua

teossaan

Pedolla oli lukemattomia päitä

profeetat pudottivat niitä

yksi kerrallaan

tilalle tuli uusi elokuvastudio

uusi TV yhtiö

uusi pornostudio

ja monta rock bändiä

"Heh"

nauroi peto

hän oli voittamaton

hänen jumalansa baal

kukistumaton

sillä baal, saatana

saa loppunsa

vasta

viimeisenä päivänä

kun koittaa tuomio

Hän puhui useista pelastavista teistä

kuinka Jeesus on rakkaus

ei voi tuomita synnistä

Hänen nimensä on antikristus

johtaa kirkkoja monia

pelastusta tarjoaa

kadotetuille

ei omista pelastusta

tuo väärän rauhan

kadottavan

Eksyttää sielun hätäilevän

pois etsivän tieltä

kerran tuomittu

sillä hän on olomuoto yksi

saatanan

3

"Neitseen lihaa, neitseen lihaa"
vaati saatana loukoissaan
"Minun on saatava trans- ja homolait,
kouluopetukseen.
Tahdon saada aitoa,
nuoren neitsyttä lihaa."
Hän sai mitä tahtoi
sillä hän on herra
tämän maailman
jota esivallat kumartavat
palvovat

saatana alkoi olla neuvoton

oli pieni joukko

vanhoillisia Kristittyjä

joka uhmasivat hänen herruuttaan

hän keksi vanhan keinonsa

"baalin papittareni"

hän muisti

nosti

toi takaisin

itse hän johti heitä

pimennosta

hän ei voinut tulla julki

niin paha hän oli

mutta sanoi itseään hyväksi

keksi aatteet uudet

modernista rakkaudesta

"kuka voi mitään,

papittarilleni,

valtaistumilla istuville"

hän nauroi voittoaan

"fariseus"
saatana muisti
"hän oli uskollinen palvelijani,
suostui Pyhän Hengen pilkkaan,
keksimääni"
toi takaisin
sai mitä tahtoi
sillä ihminen
Jumalasta luopunut
oli kuin vaha
hänen käsissään

saatana muisti

kuinka oli tehnyt Freudin

niin monta muuta

palvelijaansa tieteeseen

oli tullut aika luopumuksen

ei Jumalasta saanut puhua

käytti asettaan

pitkään valmisteltua

"kuka voi uhmata,

herruuttani"

tuumi saatana

loukoistaan

Tätä saatana oli valmistellut jo pitkään

kasvattanut kouluissa käärmeitä ja sutenöörejä

käyttöönsä

Tuomalla viihteen kouluopetukseen

opettanut

kuinka Jumalan maailma

on vanhentunut

nyt hänellä oli hyviä ehdokkaita

politikoiksi, toimittajiksi

"hänen valtansa suuri"

hän hykerteli

Lapsi pieni

itki huoneessaan

hän oli juuri nähnyt

käärmeen ruudulla

"Isä, älä anna tuolle"

hän itki

"poikani, se on vain näyttelijä"

isä sanoi

tyynnytellen

saatana seisoi tarjoilutuskin takana

tarjosi juotavaa

kuului jytke

polvet notkuivat

porukka hytkyi

liemi saatanan maistui

huoruus oli huipussaan

valojen välkkyessä

joku neitsyt itki pöydässään

"saaliiksi saatanan jouduin,

tänne minut tuotiin,

tännekö jään"

4

"Heidän epäuskonsa on suuri"

nauroi saatana

"istutin sen heihin"

hän hykerteli

Hän muisti

kuinka oli valehdellut Jeesuksen ihmeteot

saanut aikaan valheen

että profeetat olivat vain joukko hulluja

Hän ei kertonut

kuinka pakeni Eliaa korvessa

kun Elia kertoi hänelle

miten Jumala

oli vienyt käärmeen järjen

Paratiisissa

Elia oli aikoinaan mäen harjanteella

"tule alas, Jumalan mies"

hänelle huudettiin

Kristus ilmaantui hänen kauttaan

saatana lähetti joukkonsa

baalin temppelistään

hänen eteensä

kaatamaan

Tuhosi Elia väärät profeetat

sata

taivaan tulella

Kristuksen ei vielä

ollut aika kuolla

sovittaa

ja nousta haudastaan

voittajana

Rakkaus on voittamaton

sillä kerran usko muuttuu näkemiseksi

toivo saa täyttymyksen

rakkaus kantaa

ajan rajan ylitse

ei häviä

saa täyttymyksen

Kristuksessa

Kristityllä on taivastoivo

sillä emme elä tätä aikaa varten

viheliäinen se

jonka omaisuus on vain tässä ajassa

ei toivoa pelastuksesta

mitä auttaa rikkaus, kunnia

viimeisellä tuomiolla

"Usko on sen näkemistä, mitä toivotaan,

ja ei näkymättömistä epäile"

järki ei käsitä uskoa

sitä ei voi kuvailla

sitä ei voi nähdä

Uskon silmä

näkee sen

mihin järki loppuu

Rakkaus oli Kristuksessa

se oli Jumalan rakkaus meitä kohtaan

uhrata

ainoa Poikansa

veriuhriksi, edestämme

Tämä rakkaus asuu uskovaisen

sydämessä

Antaa aviorakkauden

lähimmäisen rakkauden

palvelumielen

Herättää

halun

palvella Herraa,

joka meidät on

pimeydestä

ihmeelliseen valkeuteen nostanut

sillä "suurin niistä on rakkaus"

Jumalan rakkaus

meitä kohtaan

Mutta on Sana:

"Työ on Herran"

olemme vain palvelijoita

Herran elovainiolla

vain palvelijoita

pieniä, heikkoja, vähävoimaisia

mutta Herramme on suuri

voittamaton voimassaan

Hänen on kunnia

ihmiskunnia on vihollisen

siitä Raamattu varoittaa

ihmisen on vaikea uskoa

Hän sanoo:

"Raamatun kirjoittajat eivät ymmärtäneet,

tätä aikaa"

Eivät he ymmärtäneet

Sana oli Jumalalta

Hän tietää

jokaisen päivän

aikojen loppuun asti

5

Tästä päivästä on ennustettu

tulevat irtaalliset

jotka rakastavat hekumaa

he etsivät

mieleisensä opettajat

hylkäävät Jumalan Sanan

he korottavat ne opettajat

jotka saarnaavat heille valetta

kaunistetuin sanoin

Pakenevat totuuden puhujaa

rakastavat valetta

totuus on heidän painajaisensa

väijyy iltaisin vuoteessa

kadotus seisoo heidän vuoteensa vieressä

valmiina ottamaan omansa

"Jumala,

pelasta maailma."

Kun Jeesus huusi:

"se on täytetty"

antoi henkensä Isän käsiin

käärmeen pää oli murskattu

lupaus täytetty

käärme, saatana, antikristus, baal

yksi ja sama

monta nimeä

hävisi taistelun

pakeni pimeisiin loukkoihin

Tuli aika jumalaton

synnin ihminen, kadotuksen lapsi

luopumuksen lapsi

ilmaantui

Toi epäuskon maailman valtiaaksi

käytti tiedettään, mediaansa

valtasi politiikan

käärme, baal, antikristus

nousivat pimennosta

vaativat valtansa

"voi maailmaa, sen synnin tähden"

saatana on tuhanten juonten mestari

sen Raamattu kertoo

Hänellä on myös vaalea

kaunis hahmo, jalo

Hän keksi yksilönvapauden

hän sai seksuaalisuuden vapaan toteuttamisen

näyttämään kauniilta

Ei kertonut käärmeestä sängyssä

saatanasta naimassa

Kaiken piti olla kaunista

huoruuden vuoteella

vale

myöhäistä usein havaita

kun saatana on saanut otteeseensa

kadotus on vuoteen vieressä

odottaa omaansa

Mutta joka Herraa aidosti avukseen huutaa

Hän sen pelastaa

Mutta Herran seuraaminen

vaatii

Hänen koko oppinsa ottamisen, uskomisen

ei kuten antikristus opettaa

oppeja sieltä täältä

Sillä antikristus väijyy niitä

jotka etsivät toista pelastavaa tietä

tarjoaa väärän rauhan

kadottavan

ja antikristus on saatana

myös häneltä

saa Jeesuksen

valehdellun

Huoruus

kadotuksen ansa

alkavat harvoin ilman lankeamista

varoitettuun

pirun silmä väijyy

kertoo, vaatii valheen

vääristyneen rakkauden, seksuaalisuuden

saatanan liemi

sisältää pahan hengen

vie nauttijansa

johtaa huvipaikoille

odottaa tanssi

odottaa huoruus

odottaa kadotus

ansa

saatanan ote omistaan, saalistaan

on vahva

hän sai lainsäätäjän puolelleen

hänen turvansa on laki

side monen

irrottautua perkeleen opista

vaaleassa kaavussa

hän sanoo tekevänsä lisää lakejaan

koska yksilö tarvitsee vapautensa

niin saatana sanoo

Jumalan ääni on vaiennettu

kaikuu seurapirteissä

saatana väijyy omiensa ovella

johtaa omille teilleen

laki hänen turvansa

kadottava

saatana on murhaaja

miestä hänessä ei ole

vain raukkamainen murhaaja, raiskaaja, viettelijä

hän vaatii aina lapset

keksi abortin

keksi avioeron

hylätyt lapset

Eutanasia on saatanan tapa kuolla

kirottuna

sillä hän haluaa lopulta

kirotun osan

6

Jumalan armo

Ilmestyi Kristuksessa

Hän on sodan voittanut

kirotun lunastanut

tuli Pyhän Hengen pilkka

sovittamaton

Vaati tuomion

fariseus ilmoitettiin

saatanan julkisuuskuva on kaunis

kauniita rakkaustarinoita

päättyvät huoruuden vuoteeseen

kolmiodraamat, ihmistä kiehtovat

kauniit viinipöydät, houkuttelevat

loisto rikkauden, nautinnon

pettää nuoren

kun huomaa ansan

on usein myöhäistä katua

He huutavat rakkautta

ovat menettäneet sen

he haluavat himot huoruuden vuoteen

Jeesus tuomitsee naisen

Hänet pettäneen

Jumala miehen

Hänestä luopuneen

baalin papitar

puolustaa Jeesusta

saatana on tuhanten juonten mestari

taitaa tämän

sillä hän korotti olomuotonsa

antikristuksen

loi Kristityn väärän profeetan

saarnaa:

kaikki usko vie taivaaseen

ei perustu Raamattuun

käärme uskoo Jeesukseen

vetoaa Häneen tiukassa paikassa

haluaa Hänen kuolemansa

saatana uskoo Jumalaan

joka hänet tuomitsi

ja kaikki uskoko

pelastaa?

"Etsikää Herran teitä"
Jumala asuu vielä Jumalan Valtakunnassa
Siionissaan
jossa Herra Jeesus Kristus
on paras kulmakivi
etsii vielä kadonneita
halullisia sieluja
tarjoaa armoa
Hän voi palauttaa rakkauden
turmellun
"Joutukaa, joutukaa, ennen kuin koittaa yö."

"Herran nimi on vahva linna,

vanhurskas juoksee sinne,

ja tulee varjelluksi."

Älä kuuntele ääntä väärän paimenen

joka tarjoaa väärää rauhaa, kadottavaa

Yksi on Jeesuksella lauma

lammashuone

Sinne Hän haluaa

kaikki koota